1. 世界文化遺産への登録

　北海道・北東北縄文遺跡群が、2021年7月に世界文化遺産として登録された。

　縄文を世界遺産に登録しようとの運動は、2001年の北海道・青森・岩手・秋田の知事サミットで始まったもので、この実現には２０年以上かかったことになる。

　これだけ広範囲な地域が連携して、長期間粘り強く、資料を集め、運動を続けたこと自体非常に価値ある出来事であったと言える。

　これを今後の本格的な活動に繋げるため、世界の先史時代の中で、縄文時代の特質を整理しておくため本論を記しておきたい。

北海道・北東北縄文遺跡群

入江・高砂貝塚（洞爺湖町）
鷲ノ木遺跡（森町）
キウス周堤墓群（千歳市）
北黄金貝塚（伊達市）
大船遺跡（函館市）
垣ノ島遺跡（函館市）
大平山元遺跡（外ヶ浜町）
田小屋野貝塚（つがる市）
亀ヶ岡石器時代遺跡（つがる市）
大森勝山遺跡（弘前市）
大湯環状列石（鹿角市）
伊勢堂岱遺跡（北秋田市）
三内丸山遺跡（青森市）
小牧野遺跡（青森市）
二ツ森貝塚（七戸町）
長七谷地貝塚（八戸市）
是川石器時代遺跡（八戸市）
御所野遺跡（一戸町）

■ 構成資産
◆ 関連資産

✈ 空港
— 新幹線
— JR

JN119556

最終氷河時代が終わり、日本列島で縄文時代が始まるのは 1 万 5000 年位前で、世界的に見れば旧石器時代から新石器時代に属す。

　それまでは狩猟のため移動をしながらの生活が、どこの国でも中心であったが、農耕や牧畜、漁労などにより、人々が**集落**をつくるようなった。

　世界の先史時代をみると、人類が狩猟生活を終え、**新しい石器**を使うようになると比較的早い時点から農耕が始まり、西アジアのメソポタミア地域ではムギ、マメなどの栽培が行われ、ヤギやヒツジなどの牧畜が行われるようになり、それが都市文明の源となった。

　しかし、日本では狩猟、漁労の他に採集を含めた多様な生活が続いた　結果、縄文の時代が 1 万年も続くことになり、その文化は奥深いものとなった。

1) 縄文の時代区分

　北海道・北東北縄文遺跡群の中では、津軽海峡に面した**大平山元遺跡**で世界最古の土器が発掘されたものが**縄文草創期**とされている。

　また、噴火湾沿岸で発見された**垣ノ島遺跡**では縄文の集落の跡が見つかっている。

　縄文の前期には同じ噴火湾の沿岸から貝塚が見つかっている。

　1 万 2,000 年前からの縄文前期から縄文中期にかけては、大船遺跡

で竪穴式住居跡が見つかり、青森県の三内丸山遺跡、田小屋野貝塚、三森貝塚、入江・高砂貝塚等縄文人が海での生活に深くかかわっていたことを示す遺跡も多く残っている。

　縄文後期から晩期にかけては土器や土偶、集落の形成、環状列石、集落の儀式のあり方にも習熟度がみられる。

　縄文時代の晩期になると、地球全体の寒冷化が進み。人々の生活拠点は南下するようになり、集落の規模も小型化し、分散化してきた。その頃世界的に民族の大移動が起こり、北方と南方から渡来人がくるようになり、稲作も伝わってきた。縄文人と渡来人の混血も進み、**弥生時代の幕開**けとなった。

　縄文の時代区分

北海道・北東北の縄文遺跡　（時代区分）

	9,000BC	5,000BC	3,000BC	2,000BC	1,000BC
草創期	早期	前期	中期	後期	晩期

太平山元遺跡
垣ノ島遺跡
北黄金遺跡
大船遺跡
三内丸山遺跡
田小屋野遺跡
二ッ森貝塚
入江・高砂貝塚
是川石器時代遺跡
御所野遺跡
キウス周堤墓群
小牧野遺跡
大湯環状列石
伊勢堂岱遺跡
大森勝山遺跡
亀ヶ岡石器時代遺跡

2) 登録された遺跡群

【大平山元遺跡】

　津軽半島の東岸、陸奥湾に近い縄文時代草創期の集落遺跡で，1万6500年前と測定された文様のない土器が破片の形で出土している。

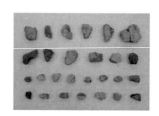

大平山元遺跡の土器片

【垣ノ島遺跡】

　太平洋に面した海岸段丘にある集落の遺跡で、縄文時代の早期から後期末まで定住生活が営まれていた。7000年前とみられる世界最古級の漆の製品が出土している。また4000年前に構築されたとみられる盛土遺構が発掘されており、なんらかの儀礼に使われたものといえる。

垣ノ島遺跡盛土遺構の全景

【北黄金貝塚】

　北海道南部の噴火湾に面した縄文時代前期の集落遺跡で、5つの貝塚が発見されている。貝塚からはハマグリなどの貝類やマグロ、ヒラメなどの魚類の骨がたくさん出土している。

復元された北黄金貝塚

4

【大船遺跡】

太平洋に面した海岸段丘の上にあり、縄文時代の中期にかけて 1000 年以上続いた集落遺跡である。100 基以上発見された竪穴式住居跡は床面を深く掘りこんだ大型のものがみられる。

大船遺跡の竪穴住居跡群

【三内丸山遺跡】

陸奥湾に注ぐ沖館川右岸の段丘上に立地する大規模な集落遺跡で、遺跡の広さは 42 ヘクタールに及ぶ。竪穴式の住居群をはじめ掘立て柱の大型建物や高床式の建物に加え、直径 1 メートル前後のクリの大木を空高く建てた建築物の遺構が発見された。遺跡の中央部を通る

三内丸山遺跡

形で道路が作られており、道路に沿って列状に並んだ土坑墓群が発見されている。

三内丸山遺跡からは膨大な量の土器や石器に加え、骨角器や木器が出土しており、さまざまな手段で食料を得ていたことがわかる。

日本列島の縄文文化を今に伝える代表的な遺跡といえる。

【田小屋野貝塚】

　津軽半島の日本海側に近い貝塚遺跡で、縄文時代前・中期ごろに形成された。ヤマトシジミなどの貝類に混ざって、海獣の骨で作った骨角器などが出土している。ベンケイ貝で作った貝輪（ブレスレット）が大量に出土し、集落で貝輪の製造が行われていたと考えられる。

ベンケイ貝の腕輪

【二ッ森貝塚】

　青森県の東部、太平洋に面した小川原湖近くの台地に、大規模な貝塚を伴う集落の遺跡が発見された。縄文時代の前期から中期の末ごろまでに形成された…前期のものは海水性、中期のものは汽水性の貝類が集積している

釣り針などの骨角器

【入江・高砂貝塚】

この二つの遺跡は北海道・洞爺湖町の噴火湾を望む台地の上にある。縄文前期の末から晩期にかけて形成された。貝塚から発見された釣りの道具や銛などから、発達した漁労文化が続き、日貝塚が墓地として繰り返し利用されていたことも明らかになっている。貝塚そのものが神聖視されていたことを示している。

銛頭などの漁具

【是川石器時代遺跡】

漆塗りの器（木胎製）

　青森県八戸市を流れる川の河岸段丘に、縄文時代前期から中期にかけての二つの遺跡と晩期の遺跡がある。晩期の遺跡は小規模ながら居住域と墓域、加工場や祭祀場など多様な遺構が見つかっている。低湿地にあった捨て場からはトチの実の殻が大量に見つかり、水にさらしてアク抜きをする場所も発見された。

　集落の周辺は住民によってトチやクルミなどの林が作られ、その周りの里山を経て狩場である自然林につながる生態系があった。またウルシの液を採取するための林も人工的につくられ、漆の管理が計画的に行われていた。高度の技術を示す漆製品が出土している。

【御所野遺跡】

冬の御所野遺跡

　岩手県北部にあるこの遺跡は縄文時代中期の大規模な集落の遺跡である。集落の中央に広場があり、そこに設けられた墓地を囲んで竪穴の建物や祭祀に使う盛土遺構が発掘されている。さらにその外側の東西に竪穴の建物群が密集した形で配置されていた。

　盛土遺構からは焼かれた獣骨が見つかっていて、動物の魂を送る「火送り」のような儀式が行われていたのではないかと思われる。また土坑墓をとりまくように石を配置した直径30〜40メートルの環状配石遺構が発見されていて、縄文人の精神生活を示している。

【キウス周堤墓群】

外形 75mの周堤墓

　周堤墓というのは地面に円形の竪穴を掘り、掘りあげた土を周囲に環状に積み上げることで大規模なドーナツ状の周堤が造られている。その円形の区画のなかに複数の墓を作る形式を周堤墓という。

　北海道・千歳市では、縄文時代後期に作られた周堤墓九基が発見されている。周堤の直径は18〜75メートル、竪穴の底から周堤の上までの高さは最も深いもので5.4メートルある。これだけの土を掘りあげる作業はかなり大変だっただろうが、祖先を敬う気持ちをこめて、こうした葬送の文化を守ったのだろう。

【小牧野遺跡】

特殊な石組みの小牧野遺跡

　この遺跡は八甲田山の西の麓に広がる舌状台地（舌を突き出したような形の台地）にあり、青森平野を一望できる。この台地の上に縄文時代後期に造られた環状列石がある。

　円形の中心部に直径２．５メートルの石組みがあり、これをとりまくように二重の環状列石がある。内側の環状列石は直径25メートル、外側は35メートル。縦長の石が縦横に繰り返し並べられ、石垣を築いたように見える。環状列石に隣接する墓域などから土偶やミニチュア土器、三角形の岩板など、祭祀に用いられたとみられる遺物が出土しており、何らかの祭祀の空間であった

ことを示している。

【大湯環状列石】

　青森県との県境に近い秋田県の山間部、
米代川の上流に位置する縄文時代後期の
遺跡で、標高 150 メートルの台地の上に、
大小、無数の川原石を円形状に並べた二つ
の環状列石がある。環状列石の直径は万座
遺跡が 54 メートル、野中堂遺跡が 44 メー

日時計状の石組み

トルと日本最大のストーンサークルである。日本の縄文遺跡を代表
するもとして、三内丸山遺跡とともに国の特別史跡に指定されてい
る。環状列石の周囲に堀立て柱の建物などが配置され、土器や石器な
ど日常の道具類とともに土偶や土版、石棒、石刀など祭祀に用いたと
思われる道具類が多数、出土している。環状列石は縄文人の祭祀の場
として多数の労力を注ぎ込んで建造されたものであろう。

　環状列石は二重の同心円の形で構築されていて、その一角に日時
計のように見える石組みがある。夏至の日の太陽は同心円の中心と
この石組みを結ぶ直線のかなたに沈むことが判っている。縄文時代
の人々が太陽の運行と季節の変化を意識し、四季を区分する「二至二
分」を知っていた証拠と考えられている。

【伊勢堂岱遺跡】

　これも環状列石を主体にした遺跡で、秋田県北部を流れる米代川中流域の河岸段丘で発見された。見晴らしの良い丘の上に四つの環状列石が並んでおり、最も大きな

伊瀬堂岱遺跡

ものは直径45メートルもある。5キロ以上離れた河原から大量の石を運び、環状列石を配置する場所に厚く盛土をするなど、大がかりな土木工事をしていた。

　環状列石の下には死者を埋葬した土坑があり、200点あまりの土偶をはじめ動物の形をした土製品や石剣など何らかの祭祀に関係した道具類も大量に見つかっている。さらに環状列石の東側からは100メートルを超える溝のような遺構が発見されている。

　この遺跡は大湯環状列石と同じ縄文時代後期に造られたものだが、米代川中流域の多くの集落の人々が力を合わせて地域の祭祀センターを作ったのではないかと思われる。

【大森勝山遺跡】

　青森県の名峰岩木山の東の麓にある縄文時代晩期の遺跡である。標高145メートルの丘を整地した場所に長径48メートルの楕円形の環状列石があり、この場所から岩木山の頂が望める。出土した円盤

岩木山を遠望する環状列石

状の石製品などからここも祭祀の場であったと考えられている。

　この遺跡は冬至の日に太陽が岩木山の頂に沈むのを望む地点にある。また 100 メートル離れた地点で発見された大型建物跡も環状列石と岩木山の山頂を結ぶ直線上にある。

【亀ヶ岡石器時代遺跡】

　この遺跡は青森県の西部、津軽平野の一角にある縄文時代晩期の集落遺跡である。小高い丘にある墓域からさまざまな副葬品が発見され、この丘の周りに広がる低湿地から造形的に優れた多くの土器や土偶、ヒスイ製の玉類などが出土している。

遮光土偶のモニュメントのある鐘ケ丘石器時代遺跡

　なかでも有名なのは極北民族が雪の照り返しから目を守るために使うスノーゴーグルのような目の表情をした「遮光器土偶」である。これは海外でも日本の縄文文化を代表する造形として評価されている。また出土した「亀ヶ岡式土器」は薄手の精巧な作りで、赤い漆を塗った土器はこれが縄文時代の作品かと思わせるほど、高い技術と美意識を示している。

2. 縄文時代の特質

　世界の先史時代の中で、日本の縄文時代はどのように位置づけられるのか。

1）　日本の風土に適合した住居形態

　縄文の人々は定住するにあたって、海岸に近い小高い丘の上に**竪穴式住居**を作ることが多かった。

　竪穴は地面から 70 センチメートルの穴を掘り、広さは 8 畳ぐらいで、その上に栗の木などの屋根組みをつくり、屋根はアシやカヤ等で葺いたものが一般的である。部屋の真ん中には囲炉裏がほられ、冬場は夜も火を絶やさぬようにしていた。

　世界の住居をみると乾燥地帯では干レンガを積み上げたものや、アルプスの湿地帯では杭上に住居を作るなど、それぞれの地帯の環境に適合したものとなっているが、モンスーン地帯で雨が多い日本列島ではこのような型が適合したのであろう。

【木の文化】

　全体として日本文化は**「木の文化」**の色合いが強く、中央アジア等の「石の文化」とは対照的なものとなっている。

木で作った住居は長期間の保存性が悪く、石やレンガの建築物と村ベルト遺跡としても評価は低かったが、この度は文化的な遺産とし

ての評価を受けたのであろう。

竪穴式住居

大船遺跡

大船遺跡

三内丸山遺跡

2） 四季折々の多様な食生活

　日本は自然が豊かで、四季折々の食糧資源が豊富であったため人々は、多様な食生活をすることが出来た。

【山の幸】

　野山にはイノシシ、シカ、ウサギ、それに鳥類などの大小の動物がおり、栗、クルミ、トチ、各種の果実が豊富で、我々が今食べているような山菜も採集してたべていたものと思われる。

{海の幸}

　日本では、魚や貝類などの**「海の幸」**に恵まれていたのも特徴の一つである。全国各地に**貝塚**の遺跡が多く残されている。今回登録された遺跡群の中でも、北海道南部の**北黄金貝塚**、津軽半島日本海側の**田小野屋貝塚**、青森県東部の**二ツ森貝塚**、北海道洞爺湖の近くの**入江・高砂貝塚**などが挙がっている。

【生活カレンダー】

　それらの食生活に恵まれていたことを考古学の権威者である小林達雄氏は**「縄文人のカレンダー」**と表現された。

　春は野の若草を摘み、海辺で貝を拾ってきた。夏、海に乗り出し、魚や海獣類の漁をした。秋、クリなどの木の実を集め、遡上するサケ

を獲った。冬、雪の積もった森で狩りをして過ごした。

　そのような恵まれた自然環境もあって、日本では農耕の開始は諸外国と比べるとかなり遅れることになった。ムギ作農耕は西アジアなどで早くから行われていたが、日本の稲作農耕が中国や韓国からつたわ水耕栽培が伝わった5世紀ごろになってからであった。その分、縄文時代が1万年も続くことになった。てからであった。

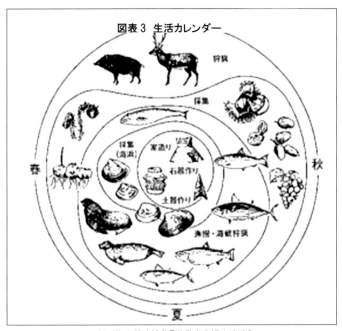

(出所) 小林達雄著『世界遺産縄文遺跡』

3） 様々な工夫と芸術性がみられる土器

　縄文遺産群の**大平山元遺跡**にある土器は、1万6000年前の世界最古の土器とされている。定住生活をするための食糧品を保存したり、加工したりするために必須の道具であるが、長く続いた縄文時代の中で磨かれ、美的にも成熟した多様な形態のものが出揃った。

　発見された土器は極めて多様で、先がとがって土にさせるようになったもの、平らで実用的なもの、・蛇の図柄や炎の立体像を配したものもある。素材も分厚くて重いもの、薄くて軽いものなどがある。

【漆塗りの土器】

　日本特産の漆の樹液で土器の表面加工したものなどは日本独自のものである。青森県の**是川遺跡**や縄文後期の**亀ヶ岡石器時代遺跡**は赤い漆を塗った土器で造形的にも素晴らしい出来栄えのものである。

各種の土器

三内丸山遺跡

漆塗りの土器

是川石器時代遺跡時跡

亀ヶ岡遺跡

4) 精神性の高い土偶

　土器と並んで縄文の遺跡の中で、際だった特異性を見せるのは、全国で多数発見されている土偶である。

　この土偶はどのような意味を持つものかについては、諸説あるが、女性をかたどったものがほとんどで、中には妊娠中の女性をイメージさせるものもある。当時の平均寿命が３０歳ぐらいと若く、乳幼児の死亡率が高かったこともあり、この土偶が人の「生と死」に深く関わっており、何らかの祭事に使われていたのではないかと推定されている。

　青森県八戸市の**風張遺跡**の**「合掌土偶」**は祈りの様子を示しており、北海道函館の**著保内野遺跡**の**「中空土偶」**はいかにも神聖な凛とした姿を示している。

　また、青森県の**亀ヶ岡遺跡**の**「遮光器土偶」**も大きな目を持つ独特な姿をしている。また**伊勢堂岱遺跡**に納められている「笑う岩偶」も独特な雰囲気を持っている。

　このような土偶は全国で 2000 体以上が見つかっており、それぞれの土偶は現代人の目から見ても、高い芸術性を持っており、それぞれが何かを物語っているように思われる。

精神性の高い土偶

遮光性土偶

亀ヶ岡遺跡

合掌土偶

中空土偶

十字型土偶

伊瀬堂岱遺跡

19

5) 計画的な集落の形成

　縄文時代も中期以降になると集落は大規模になり、集落の機能も多様なものが計画的に配置されるようになった。規模の大きなものとしては、岩手県の**御所原遺跡**、北海道の**大船遺跡**、青森県の**三内丸山遺跡**などが有名である。

【三内丸山遺跡】

　陸奥湾に注ぐ沖館川右岸の段丘上に立地する大規模な集落遺跡で、遺跡の広さは 42 ヘクタールに及ぶ。**竪穴式の住居群**をはじめ掘立て柱の**大型建物**や**高床式の建物**に加え、直径①メートル前後のクリの大木を空高く建てた建築物の遺構が発見された。遺跡の中央部を通る形で**道路**が作られており、道路に沿って列状に並んだ**土坑墓**群が発見された。

　三内丸山遺跡からは膨大な量の土器や石器に加え、骨角器や木器が出土しており、さまざまな手段で食料を得ていたことがわかる。また土壌から通常よりはるかに多いクリやクルミなどの花粉が検出された。研究の結果、三内丸山遺跡では遺跡の周辺にクリやクルミなどの堅果類の林が人為的に作られていたことがわかった。クリの実を採取して食料とし、クリの木材を住居などの建築資材として使っていたと考えられている。

縄文の集落

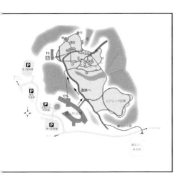

三内丸山遺跡の全景

復元された六本柱建造物

等間隔に並んだクリの柱根

6) 環状列石

　縄文遺跡の中には集落の規模も大きくなり、近くに計画的に石を配した環状列石も見られるようになった。

　これは関東の群馬県や山梨県から新潟県、長野県など広範囲で発見されている。今回登録された遺跡群の中でも、青森県の**三内丸山遺跡**をはじめ秋田県の**伊勢導体遺跡、大湯列**石など多くがある。

　なぜこのように広い範囲で人手や手間のかかる配石をしたのかについては、石の下に墓があったり、風光明美な山の景色が見えるところで、太陽や月の運行が見えやすいところに集中していることから自然への畏敬の念を示すものであったと思われる。特に、秋田県の**大湯環状列石**は、二重の同心円状に石組みし、その中心に「日時計」のような棒が立っている。これは夏至の日に太陽の影が沈むようになっており、太陽の運行が見られるようになっている。

【タラの丘】

　これと同じようなものが、アイルランドの「タラの丘」にも見られるのは不思議なことである。

「二至二分」の自然の営みに敬意をはらう人の気持ちが遠くユーラシア大陸を挟んだ場所で見られるのは、極めて感動的なものである。

環状列石

伊瀬堂岱遺跡

大湯遺跡

三内丸山遺跡・環状集石墓

小牧の遺跡

7）縄文人の交流

　三内丸山遺跡からは、この地域では採れないヒスイの大珠が発掘された。これは新潟県の糸魚川でしか採れないものなので、これはどのような道筋を辿って、青森に到着したかが大きな疑問となっている。また、新潟県糸魚川産のヒスイを加工した見事な大珠も発見されている。これは新潟県から青森県までヒスイが運ばれてきたことを意味し、5000年前の縄文時代中期に、日本列島の各地を結ぶネットワークが存在していたことを示している。日本列島の縄文文化を今に伝える代表的な遺跡といえる。

　ヤマトシジミなどの貝類に混ざって、海獣の骨で作った骨角器などが出土している。

　とくにベンケイ貝で作った貝輪（ブレスレット）が大量に出土し、集落で貝輪の製造が行われており、同じ貝輪が北海道で出土し、逆に北海道産の黒曜石がこの遺跡で見つかっていることから、津軽海峡を越えた交流が盛んに行われていたことがわかる。

　この他にも産地が限られている黒曜石が全国各地で広く使われていることが解っている。

　陸路での交通手段が限られている中で、海流を利用した縄文人の交流が広く行われていたことが、想像されている。

縄文人の地域交流

糸魚川産のヒスイ大珠

ベンケイ貝の腕輪

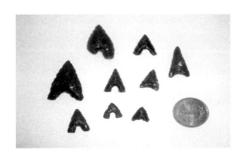

黒曜石の矢じりハ出版

8） 自然と共生した平和な社会

　日本では、自然や気候に恵まれたため、人々は自然と調和した生活を送ることができた。また、競争をベースにした社会ではないので全体として平等で戦争のない世界が長く続いた。

【自然と共生した社会】

　世界でみると、狩りの獲物を獲りすぎて対象となる動物が絶滅してしまうような事例があった。焼き畑農耕で森を大規模に焼き払ったために森が消失してしまった事例もあった。一定の食料資源を集中して求めた結果、自然がバランスを崩して動物の絶滅や森林の消失といった事態が生まれた。

　日本列島の縄文時代にはこうしたことはあまりなかった。

　縄文人にとって食料は大自然が与えてくれたものだから、必要以上に狩りをしたり、木の実を集めたりすることありませんでした。したがって狩りの獲物は繁殖を保ち、森は木の実を絶やすことはなかった。このように自然と共生する循環型の社会だった。

【戦争のない社会】

　人々が集まり集落を形成するようになり、比較的大規模な土木工事をするようになると、そこに何らかのリーダーが必要になり、役割分担が行われるようになる。その結果として階層分化が進み、富や権力の不平等が起こり、それが国家の形成に繋がってくるというのが、

26

世界での流れであった。

　しかし、縄文時代については長きに渡って、階層分化はあまり進まず、大規模集団の「戦争」は生じなかったと思われる。集落を取り巻く防塁のようなものは発見されておらず、死体から武器で殺傷の痕跡を示すものは、見つかっていない。

大森勝山遺跡からみた岩木山

3. 縄文の現代的意義

1） 世界文化の類似性と独自性

　以上のように、北海道・北東北縄文遺跡群は、世界における先史時代に共通する類似性と共に、日本列島独自の特質を持っている。

【世界の類似性】

　厳しい環境変化に適応するための様々な努力と、人間の「生と死」への思い、何よりも自然への祈りの心は共通しており、特に太陽への思いは、どこでも同じである事が解る。

【地域ごとの独自性】

しかし、各地の自然条件や歴史的な独自性は明確である。特に自然条件に恵まれた日本では、縄文の時代が1万年も続き、その中での独自の成熟化が進み、高い精神性や美的センスは研ぎ澄まされた。特に自然との共生や、平等で戦争のない社会は現代並びに将来の社会を考える上でも重要な事を示唆するものである。

2） 今に生きる縄文文化

　縄文は今から1万年前の人類の歴史的事実であるが、日本人として今でも私たちの生活の中に生きている。季節ごとの行事や祭りごとだけでなく、日常も生活様式や私たちの振舞いの中にも日本文化

28

の源流ともいうべき風習が今でも残っている。

　特に近代文明が戦争や自然破壊、人々の分断などで先行きに見通しがつけにくい中で、縄文がどのように長い歴史を育んできたかを、現時点で見直してみると、新しい観点からのメッセージを感じることが出来る。

3）縄文を楽しむために

　このように縄文遺跡は世界的に見ても、また現代の日本での社会情勢から考えても、世界ならびに日本の多くの人達にも、その内容を解りやすく伝える責務があると考えられる。

【解りやすい綜合的情報提供】

　そのためには、各種の文書や映像を含めた総合的な情報発信が必要である。特に、この遺跡群が広域にわたり，多様な内容を含んでいるので、外国人を含めた多くの人に届ける努力をするべきだと思われる。

　また、縄文を遺産として守るというだけではなく、これを地域の資産として有効に活用することによって縄文を現代にも生きたももとすることができる。ある意味では縄文をテーマ観光のモデルとも考えられるのである。

【交通アクセス】

　この遺跡群が広域にわたっていることから交通のネットワークをどのようにするかは大きな問題である。当面、縄文の遺跡を巡るツアーの計画などを企画することが考えられる。また、移動の途中なども有効に活用して情報提供することも考えられる。もちろん、マイカー移動への便宜をも考えるべきであろう。

【エコミュージアム】

　その際、博物館や考古学者による専門的な情報発信も必要であるが、縄文のことにもっと興味を持って、広い角度から面白く縄文のことを体験できる新しい試みもあって良いと思われる。

　本書では縄文の見せ方の工夫として「エコミュージアム」の考えを取り入れ、縄文を楽しみながら体感できるシステムも検討に値すると提言している。

　これは博物館を 1 つの建物として保存するだけでなく、野外での「テリトリー」「コア」「発見の小径」、それに新しい交通システムを連携させることにより、全体としてテーマ観光を推進しようという試みである。

【縄文サミット】

　それらを土台にして、今後のお縄文のお見せ方について広い視野から考えるために「**縄文サミット**」等を企画できれば素晴らしい事だと思われる。

縄文関連の本

土谷精作『縄文の世界はおもしろい』2018 年 9 月

土谷精作『先史時代物語』2021 年 7 月

エコハ出版編『津軽海峡物語』2019 年 8 月

エコハ出版編『秋田内陸線エコミュージアム』2019 年 9 月

縄文ブックス　世界から見た縄文時代

2021年9月28日　　初版発行

監　　修　　土谷　精作

編 著 者　　鈴木　克也

定価1,000円（本体909円＋税10%）

発行所　　エ コ ハ 出 版
〒248-0003 神奈川県鎌倉市浄明寺4-18-11
TEL 0467 (24) 2738
FAX 0467 (24) 2738

発売所　　株 式 会 社　三 恵 社
〒462-0056 愛知県名古屋市北区中丸町2-24-1
TEL 052 (915) 5211
FAX 052 (915) 5019
URL http://www.sankeisha.com

乱丁・落丁の場合はお取替えいたします。　　当書籍のお問合せ先：エコハ出版事務所 TEL 0467 (24) 2738
ISBN978-4-86693-525-6

ISBN978-4-86693-525-6
C0000 ¥909E

定価1,000円
（本体価格909円＋税10%）

発行：エコハ出版
発売：三恵社

9784866935256

1920000009096

エコハ出版

山菜王国

山菜・薬草で地域おこし

エコハ出版

山菜の魅力

- **自然の恵み**
  日本は国土の70%を森林でおおわれそこには多種多様な山菜が育っています。農薬も化学肥料も使われていないので安心・安全です。
- **季節ごとの旬**
  山菜は地域ごと、季節ごとに旬があります。採取の手間や保存・流通の難しさがありますがその分季節の風雅を感じ取ることが出来ます。
- **健康に良い**
  山菜は健康によく、昔は薬草としてもよく使われていました。今でも東洋医学の漢方は薬草ですし、料理でも精進料理や薬膳料理でもつかわれています。
- **日本独自の食文化**
  日本人は縄文時代から山菜を自然の形で食していましたが、奈良・平安時代にはこれを風雅な食文化に高めました。その後も山菜を食文化として様々な形で利用し食生活を豊かにしてきました。これは世界に誇るべきものとなっています。
- **食事を楽しむ。**
  今では規格化された単調な食材が多くなりましたが、そこに季節ごとの各地で採れた山菜が加わり、その料理方法が工夫されれば話題が豊かになり食事がたのしくなります。‥